Susy Keller

Lesevergnügen

Heft

2

Langenscheidt

Berlin • München • Wien • Zürich • New York

Inhaltsverzeichnis

Bild- und Textquellen siehe Seite 40

Umschlaggestaltung, Layout und Illustrationen: Jürgen Bartz
Redaktion: Lutz Rohrmann

Autorin und Verlag danken Maruska Mariotta für die Erprobung sämtlicher Einheiten und für zahlreiche Anregungen.

Dieses Werk folgt der neuen Rechtschreibung entsprechend den amtlichen Richtlinien.
Umwelthinweis: gedruckt auf chlorfrei gebleichtem Papier

Druck:	5.	4.	3.	2.		Letzte Zahlen
Jahr:	02	01	2000	99		maßgeblich

Druck: Druckhaus Langenscheidt, Berlin
Printed in Germany • ISBN 3-468-**47711**-2

In den Ferien fahren Christian, Sara, Linda, Birgit und Patrick einmal in der Woche in die Stadt und bleiben zwei bis drei Stunden dort. Sie gehen etwas trinken und essen einen Hamburger oder ein Eis. Dann gehen sie in die Bahnhofstraße. Da gibt es viele Geschäfte und viele Sachen, die sie gerne haben möchten.

Sara   Patrick   das Geschäft   Birgit   Linda   Christian

Auch heute sind sie in der Stadt und schauen die vielen Sachen in den Geschäften an: Kleider, CDs, Computerspiele und – Schulsachen!
„Was? Jetzt schon Schulsachen? Die Ferien haben doch gerade erst begonnen", sagt Linda.
„Ja, natürlich, aber die haben jetzt schon alles für die Schule", erklärt Birgit.
„Seht euch mal diese Schultaschen an und diese Mäppchen: ganz neue Modelle, einfach toll! Vielleicht sind die bei Schulbeginn schon weg."
„Eine neue Schultasche brauche ich nicht, und auch kein Mäppchen", sagt Patrick, „aber bestimmt andere Schulsachen."
„Dann hört doch mal zu", macht Sara weiter. „Wir kontrollieren zu Hause, was wir schon haben, und kaufen nächste Woche die Sachen, die wir noch brauchen. O.k.?"
„Ja, prima, das machen wir", sagt Linda und schaut dabei auf die Uhr. „Aber kommt jetzt, unser Bus fährt in fünf Minuten."

Nach einer Woche treffen sich die fünf Freunde wieder und fahren in die Stadt. Wie immer gehen sie zuerst etwas trinken und diskutieren ihr Nachmittagsprogramm. Auf einmal hört Birgit auf zu sprechen und zeigt auf einen Jungen, der ganz alleine eine Cola trinkt. Das ist doch ...

1. Wie heißt der Junge und was macht er in der Stadt? Die berühmten Leute im Kasten auf Seite 4 haben den gleichen Vornamen wie er (man schreibt den Namen auf Deutsch und Englisch gleich). Jetzt kannst du den Text auf Seite 4 ergänzen.

der Leichtathlet Johnson	die Schriftsteller Ende und Crichton
der Autorennfahrer Schumacher	die Tennisspieler Stich und Chang
der Basketballspieler Jordan	die Sänger Bolton und Jackson
der Schauspieler Douglas	der Motorradfahrer Doohan
der Skirennfahrer von Grünigen	

„He, was machst du denn da?", fragt Birgit.

„Hallo, Birgit. Ich gehe Disketten kaufen und eine CD-Rom. Weißt du, wir haben zu Hause einen ....: Mein Vater braucht ihn viel für seine Arbeit und ich brauche ihn für die Schule", antwortet .... „Und was macht ihr denn hier?"

„Wir brauchen auch einige Sachen", sagt Christian, „besonders für die Schule."

„Was?!? Jetzt schon?", wundert sich ....

„Klar. Jetzt kann man noch auswählen", erklärt Birgit.

2. Was braucht Linda? Lies den Text und schreibe ihn dann korrekt auf. Diese Schulsachen existieren ja nicht. Kombiniere die zusammengesetzten Wörter richtig.

„Also, eine Wörtertasche habe ich schon und auch einen Schulstift, ein Bleibuch und einen Comicgummi. Ich brauche etwas für die Pausen, ein Radierheft: ein Asterix."

Also, eine Schultasche

....

....

....

....

3. Und was braucht Patrick? Lies zuerst die Zahlen. Male auf Seite 5 die Felder mit diesen Zahlen schwarz an und du siehst fünf Gegenstände. Ergänze dann den Text mit den Namen dieser Gegenstände.

zehn, zweiundzwanzig, vier, acht, fünfzehn, neunzehn, elf, dreizehn, achtundzwanzig, dreiundzwanzig, eins, neun

„Ich habe vom letzten Schuljahr noch einen ......*Spitzer*......, einen .... , ein .... und eine .... Meine .... ist aber zu klein, ich brauche eine neue."

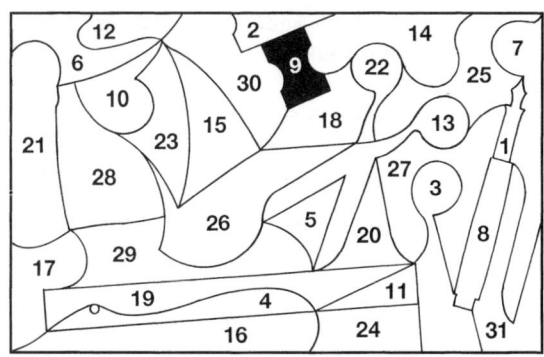

4. Wie sieht es bei Birgit aus? Schau genau, was auf dem Foto ist, und ergänze den Text. Pass auf die Pluralformen auf.

„Ich habe fast alles: zwei

.... , eine Schachtel

.... , drei

.... und schon viele

.... Aber ich sehe

an der Tafel nichts: Ich brauche

eine .... !"

5. Und wie ist es bei Christian? Ordne die neun Kolonnen und du kannst lesen, was Christian sagt. Schreibe dann den Text auf ein Blatt Papier.

1	2	3	4	5	6	7	8	9
EDA	UCH	DAS	HAB	CHB	ICH	UTS	UND	SDE
CHB	KAS	TEN	LIS	DEN	ENG	MIT	SET	UCH
INE	NRE	DER	RKE	TTE	ABE	SSE	KOR	NKA

Richtige Reihenfolge:

6	4	1
ICH	HAB	EDA
ENG	LIS	CHB
ABE	RKE	INE

„Ich suche etwas ganz anderes", sagt Sara. „Ich habe bald Geburtstag und da mache ich eine Party. Ihr seid natürlich alle eingeladen. Oder ist dann jemand von euch schon in den Ferien?"
„Wann ist denn dein Geburtstag?", fragt Patrick.

6. *Lies die Definitionen und setze die passenden Monate ein. Die markierte Kolonne sagt dir, wann Sara Geburtstag hat.*

Definitionen

1. Der Winter beginnt und man feiert Weihnachten.
2. Der Frühling beginnt.
3. Da feiert man den Muttertag.
4. Da gibt es in München ein großes Fest.
5. Der Herbst beginnt.
6. Er ist der kürzeste von allen.
7. Nach ihm kommt nur noch einer, dann ist das Jahr zu Ende.
8. Mit ihm beginnt das neue Jahr.
9. Er ist der Achte in der Reihe.
10. Da feiert man oft Ostern.
11. Der Sommer beginnt.

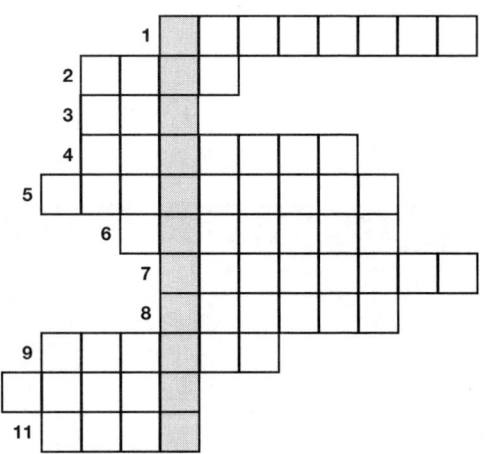

Zum Glück sind am Geburtstag von Sara noch alle da.
„Prima", sagt sie zufrieden. „Ihr bekommt aber auch noch Einladungskarten. Ich gehe sie gleich kaufen."
„Hm, aber wie machen wir das jetzt mit unseren Einkäufen?", fragt Patrick.
„Ganz einfach", antwortet Birgit. „Jeder geht in das Geschäft, das ihn interessiert und um fünf Uhr treffen wir uns wieder hier und fahren zusammen nach Hause. O.k.?"

7. *Wer geht in welches Geschäft? Ordne die passenden Namen zu.*

KIOSK AM BAHNHOF	....	Optik Müller	....
Schreibwaren-Shop	....	Kiefer Sport	....
Computer-Land	*Michael*	Radio-TV-Hifi	....

Das Rockkonzert

Heute ist ein großer Tag für Linda und Birgit: Sie dürfen zum Rockkonzert von „Pilos Puntos". Linda hat die Gruppe noch nie gesehen, Birgit schon. Sie erzählt Linda, dass sie vor einigen Jahren mit ihrem älteren Bruder beim Schüler-Rockfestival in Wuppertal war und dass auch „Pünktchen Pünktchen" gespielt haben.
„Pünktchen was ...?!? Wir gehen doch zum Konzert von 'Pilos Puntos'!", sagt Linda.
„Also, sag mal, hast du dich denn nicht informiert?", fragt Birgit und nimmt etwas aus ihrem Rucksack. „Hier, lies. Gut, dass ich die Berichte und Fotos von der Gruppe gesammelt habe."
Linda schaut den Artikel an. „Mensch, Birgit! Hast du nichts auf Deutsch?", schimpft sie und zeigt auf die vielen englischen und französischen Wörter. „Du weißt doch, dass ich in Sprachen nicht gerade super bin."
„Ach, komm, das sind alles internationale Wörter", sagt Birgit, „und die sind wirklich kein Problem."

1. *In der deutschen Sprache findet man viele Fremdwörter.*
Kannst du diese Wörter richtig in den Zeitungsartikel auf Seite 8 einsetzen?

Arrangeur, Band (4), -branche, Chancen, Drummer, Fan-Clubs, Fans (3), Keyboard, Manager, Open-Air-, Rock (2), Show, Slums, Song, Star-, Tipps, Tourneen, tourt

Die Pünktchen starten

Sänger Marc hält sich die Ohren zu. Er kann die Musik seiner *Band* nicht mehr hören, weil die _____ im Publikum vor Begeisterung laut kreischen und vor der Bühne drängeln: Man brennt Wunderkerzen ab, singt, schreit, hüpft und tanzt. Immer wieder verlangen die Zuhörer Zugaben von der _____. Das ist kein Bericht über das Konzert der _____gruppe „New Kids on the Block". Auf der Bühne in Manchester/England zieht die deutsche _____ „Pünktchen Pünktchen" ihre _____ ab.

Rockprojekt in der Schule

Die Pünktchen, alles Jugendliche im Alter von 12 bis 17 Jahren, proben in der Gesamtschule Ronsdorf bei Wuppertal. In der Schule gibt es eine _____-AG: Zur Zeit sind ungefähr 100 Jugendliche dort, die sich für moderne Instrumente interessieren. Durch die _____-AG bekommen alle Schüler einen Lehrer, bei dem sie Gitarre, _____, Schlagzeug oder ein anderes Instrument lernen. Rüdiger Braune, der Schlagzeuger von Gianna Nannini, ist einer der Lehrer. Marcel (16), der Pünktchen-

_____, freut sich über die vielen _____ von ihm. Einige Pünktchen wollen später in der Musik _____ arbeiten. Dazu ihr _____ Kalle Waldinger: „Nicht unbedingt nur als Musiker, sondern zum Beispiel auch als Produzent oder _____. Mit ihrer Erfahrung haben alle Pünktchen gute _____."

Tournee durch Europa

Die _____ hat jetzt schon in ganz Europa großen Erfolg. Sie _____ durch Dänemark, Großbritannien, Luxemburg, Italien, die Niederlande und viele andere Länder. In Griechenland haben sie ein _____-_____-Konzert für 1000 Kinder aus den _____ von Athen gegeben. Zu dem _____ „Europa" haben die _____ spontan den griechischen Volkstanz Sirtaki getanzt.

Viele Fans

Seit den _____ gibt es in vielen Ländern _____-_____. „Wir bekommen viel Post", sagt Waldinger. „Viele _____ gratulieren den Pünktchen zum Erfolg."

„Na und? Ich verstehe immer noch nicht, was 'Pünktchen Pünktchen' mit dem Konzert von heute zu tun haben", sagt Linda, als sie den Bericht gelesen hat.

„Also, sag mal, bist du blöd? 'Pünktchen Pünktchen' und 'Pilos Puntos' sind die gleiche Band, nur sind die Kids jetzt etwas älter!"

„Ist ja gut! Ich hab es verstanden. Aber fang nicht wieder mit deinen englischen Wörtern an!"

Endlich beginnt das Konzert. Die fünf jungen Männer stehen auf der Bühne: vorne Christian und Klaus mit ihren Gitarren und Axel mit seinem Bass, hinten Marc an den Keyboards und Marcel am Schlagzeug. Dann kommt auch Martina und die Musik geht los. Das erste Lied ist „Europa", das Lied, zu dem die griechischen Kinder Sirtaki getanzt haben. Zum Lied läuft ein Videoclip ...

2. *Hier sind der Liedtext und drei Fotos aus dem Videoclip. Zu welchen Zeilen passen sie?*

EUROPA

Wunderland vom Schwarzmeer zum Atlantik.
Breite Ströme zieh'n mich mit sich fort.
Steile Felsen kratzen an den Wolken.
Dunkle Wälder streicheln sanft das Land.

Polarlicht malt ein Zauberband,
der Südwind streut Saharasand.
Der Golfstrom wärmt den Meeresstrand,
Europa, grenzenloses Land.

Du willst andre nicht besiegen,
du gibst vielen Völkern Raum.
Europa, sanft nach all den Kriegen,
mit dir lebt der Menschen Traum.

Schnelle Züge fliegen mit der Sonne,
tausend Pferde, golden glänzt ihr Haar.
Labyrinthe, Tempel, Kathedralen,
zwischen Türmen der Vernunft.

Polarlicht ...

Du willst ...

1 Parthenon, Athen, Griechenland
2 Nôtre-Dame, Paris, Frankreich
3 Rovaniemi, Finnland

Die „Pilos Puntos" spielen viele ihrer Songs. Die meisten Jugendlichen im Publikum kennen die Liedtexte auswendig und singen mit.

3. *Hier kannst du einige Liedtitel herausfinden. Die nummerierten Felder und das Beispiel helfen dir. Zu jeder Nummer passt ein bestimmter Buchstabe (1 ist immer D, 2 immer E, usw.). Ordne am Ende jedem Titel das passende Bild zu. Auch hier kann ein Wörterbuch helfen.*

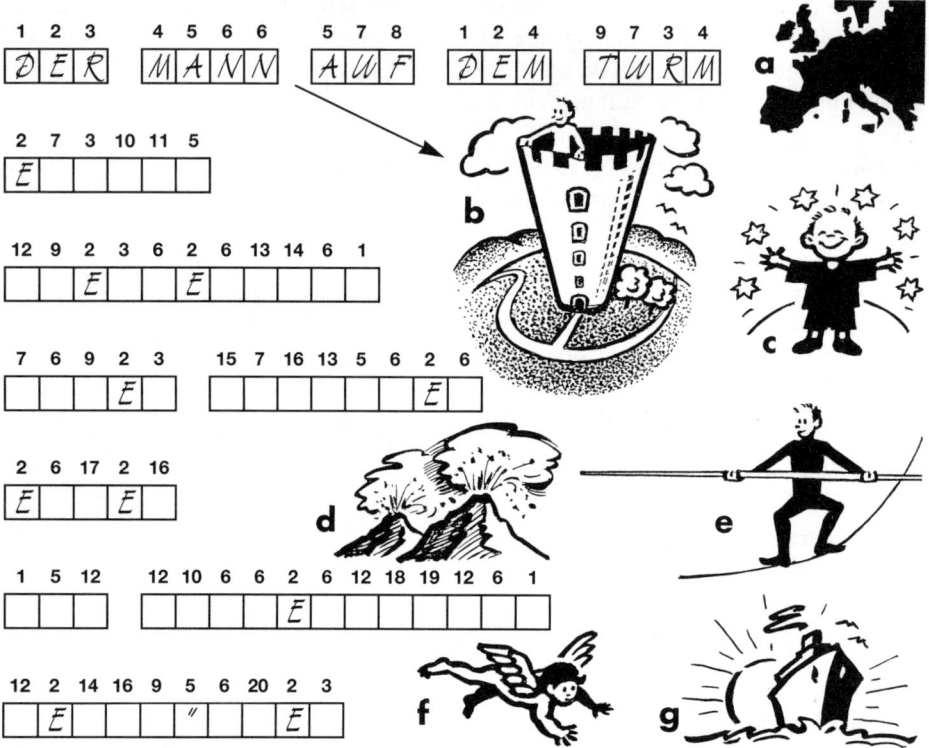

Das Konzert ist zu Ende. Linda und Birgit fahren nach Hause. Linda findet die Band fantastisch und möchte noch mehr über sie wissen.

„Birgit, du hast doch viele Zeitungsartikel mitgenommen. Darf ich sie mal sehen?", fragt sie ihre Freundin.

„Klar", antwortet Birgit. „Ich habe auch ein paar alte Fotos von Martina und Marc. Und wenn du etwas über die Karriere von 'Pilos Puntos' suchst, dann lies diesen Bericht hier."

4. *Interessiert dich das auch? Ergänze den Bericht auf Seite 11-12 im Perfekt, dann hast du weitere Informationen. Die Infinitive sind schon in der richtigen Reihenfolge.*

anfangen,
beginnen,
produzieren,
spielen,
gehen,
auswählen,
fahren,
geben,
reisen,
haben,
sein,
hören,
singen,
machen,
kommen

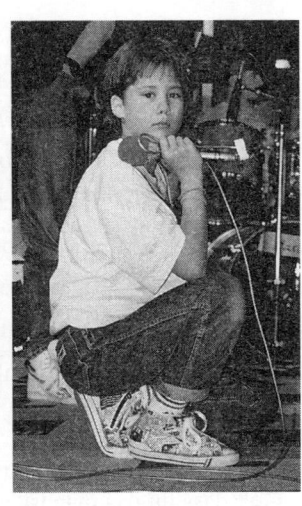

Vergleiche die Fotos mit dem von S. 7. Erkennst du Marc?

Mit deutschen Songs auf Weltreise

Als „Pünktchen Pünktchen" ....*haben*.... sie ...*angefangen*..., nun heißen sie „Pilos Puntos". Ihre Karriere .... vor gut zehn Jahren ...., damals .... die Schülerband als „Pünktchen Pünktchen" ihre erste Single .... Von den fünf Jungs sind noch vier bei den Puntos. Seit der zweiten Pünktchen-Single ist auch ein Mädchen dabei: Martina, 1988 zehn Jahre alt. In Schulen, Jugendzentren, in Radio- und Fernsehsendungen, bei großen Festivals und Ereignissen .... die Pünktchen ihre Musik .... Sie .... auf Tournee .... : zuerst nach Skandinavien, dann nach Süd-, West- und Nordeuropa und später in alle Kontinente.

Für ihre erste Chile-Tournee .... die Pünktchen einen international verständlichen Namen .... : Pilos Puntos. Sie .... in zwei Wochen 6000 Kilometer im Tourbus...................., ... 14 Konzerte.................... und waren in fünf Fernsehshows zu Gast.

Meistens .... sie in den Schulferien .... , ... aber auch immer häufiger Sonderurlaub .... Sie .... in Bolivien, Chile, Brasilien, im Baltikum, auf Zypern, in der Türkei, in Ägypten und sogar auf der Insel Réunion zu Gast .... In Europa .... man sie schon fast überall

..............................., und auch in Südkorea kennt man sie: 1992 .... sie dort auf Deutsch und Koreanisch .... Martina Flüs, Sängerin der Gruppe, hat mit dieser Sprache kaum Probleme, denn ihre Mutter stammt aus diesem Land. 1996 .... alle Mitglieder von „Pilos Puntos" das Abitur .... und 1997 .... bei einer großen Plattenfirma ihre CD „Weltreise" auf den Markt .... Mit einem Altersdurchschnitt von knapp 20 Jahren blicken Martina, Marc, Klaus, Marcel, Axel und Christian auf 1000 Live-Konzerte weltweit zurück. Ein solches Jubiläum haben die „Toten Hosen" 1997 ebenfalls feiern können, allerdings sind die mehr als zehn Jahre älter als „Pilos Puntos"

Linda liest noch weitere Artikel. Sie möchte die Gruppe noch besser kennen lernen. „Gut, dass du das machst", meint Birgit. „Morgen müssen wir sowieso auf die Fragen unserer Freunde antworten: Die lassen uns bestimmt keine Ruhe."
„Hm, richtig", überlegt Linda. „Dann mache ich mir am besten einige Notizen. Hilfst du mir?"

5. *Das ist der Notizzettel von Linda und Birgit. Was haben sie aus dem Artikel von Aufgabe 1, was aus dem von 4 und was aus anderen Artikeln? Kreuze an.*

	1	4	andere
1. Ganz am Anfang war Martina nicht dabei.			
2. Sie haben in der Schule gelernt, Musik zu spielen.			
3. Sie schreiben die meisten ihrer Lieder selbst.			
4. Sie haben den Namen geändert. Man versteht ihn jetzt besser.			
5. Sie geben jedes Jahr 50 bis 80 Konzerte.			
6. In Athen haben sie für Kinder gespielt.			
7. Die Mutter von Martina ist Südkoreanerin.			
8. Sie haben alle das Abitur gemacht.			
9. 1998 ist ihre siebte CD auf den Markt gekommen.			
10. Ihr Manager heißt Kalle Waldinger.			

„Ich glaube, wir machen hier Schluss", sagt Birgit nach einiger Zeit. „O.k.", sagt auch Linda. „Aber was ist, wenn sie noch andere Infos möchten?" „Kein Problem", antwortet Birgit. „Da hilft das Internet: *http://arco.met.fu-berlin.de/~mhenkel/*".

Heute hat Sara Geburtstag. In einer Stunde beginnt die Party. Ihre besten Freunde kommen alle. Birgit ist schon da. Die beiden arbeiten in der Küche: Es gibt so viel zu tun! Schälen, waschen, schneiden, kochen, backen ... Sara kocht gerne und ihre Mutter hat ihr zum Geburtstag ein tolles Kochbuch geschenkt. Die zwei Mädchen haben ein Pizzarezept gefunden. Es ist einfach und wirklich super. Und Pizzas dürfen auf einer Party einfach nicht fehlen!

Sara schaut auf die Uhr: „Noch fast eine Stunde, bis die anderen kommen. Zeit genug für die Pizzas. Das geht doch ziemlich schnell, oder?"

„Ich glaube schon", meint Birgit. „Wenn wir uns die Arbeit teilen, dauert das höchstens eine halbe Stunde."

„Haben wir auch alles, was wir dazu brauchen?", fragt Sara. „Das sehen wir gleich", antwortet Birgit. „Ich lese dir die Liste der Zutaten und Geräte vor und du kontrollierst."

1. *Wie sieht die Liste aus? Ordne die Wörter den Zeichnungen zu, dann weißt du es. Das Wörterbuch kann dir helfen.*

Artischocken, Backblech, Butter, Käse, Mehl, Milch, Pfanne, Pilze, Salz, Schinken, Schüssel, Tomaten, Zwiebeln

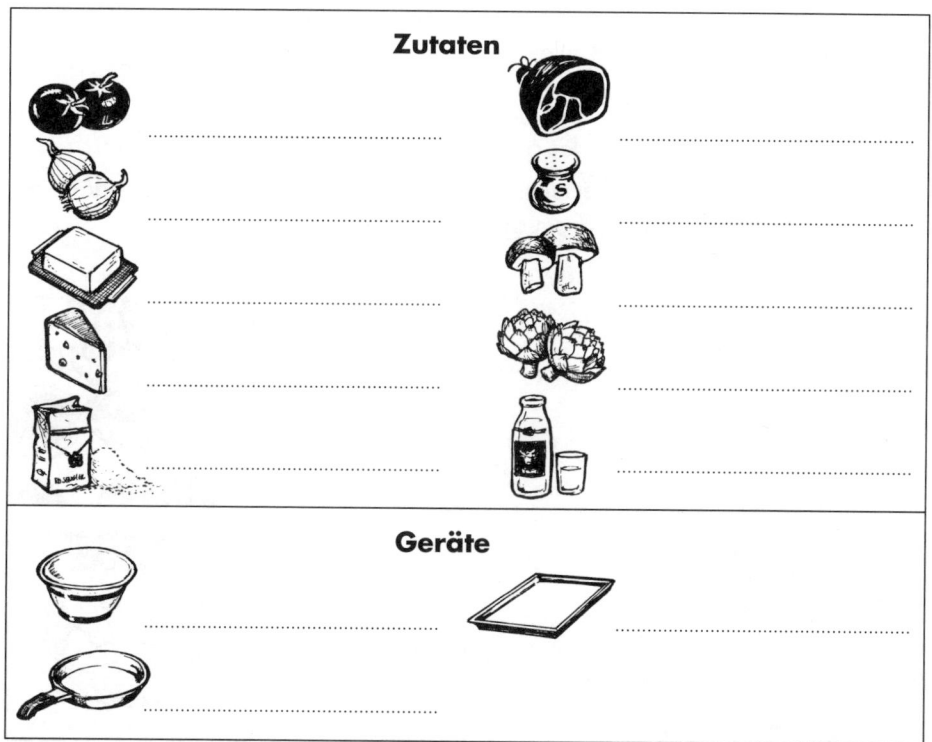

„Alles da. Wir können beginnen. Du schaust im Kochbuch nach, sagst mir, was ich tun soll, und ich mache es. O.k.?", fragt Sara.
„Gute Idee", sagt Birgit. „So geht es bestimmt am schnellsten."

2. *Was muss Sara zuerst machen? Was kommt danach? Die Illustrationen zeigen die richtige Reihenfolge, der Text aber nicht. Ordne zuerst den Text und schreibe dann zu jedem Bild, was Birgit ihrer Freundin sagt. Schreibe Sätze im Imperativ, wie im Beispiel. Viele Wörter sind neu. Arbeite mit dem Wörterbuch Die Verben mit unterstrichenem Präfix sind trennbar.*

So wird es gemacht:

- [ ] Den Herd auf 220 °C <u>vor</u>heizen. Mehl, Salz und Butter in einer großen Schüssel mischen.

- [ ] Jede Pizza mit den vorbereiteten Zutaten belegen. Die Pizzas dann 15 bis 20 Minuten im Ofen backen.

- [ ] Die Teigfladen auf das gut gefettete Backblech legen und sie mit der Tomatensoße bestreichen.

- [ ] Milch <u>dazu</u>gießen und alles zu einem weichen Teig kneten.

- [ ] Alle Zutaten für die Tomatensoße etwa 10 Minuten in der Pfanne kochen und immer wieder gut <u>um</u>rühren.

- [ ] Den Teig in vier Stücke teilen und damit vier Bälle formen. Sie dann zu Teigfladen von etwa 13 cm <u>aus</u>rollen.

1. *Koche alle Zutaten* ....
   ....
   ....
   ....

2. ....
   ....
   ....
   ....

3. ....
....
....
....

4. ....
....
....
....

5. ....
....
....
....

6. ....
....
....
....

Sara und Birgit sind gerade mit den Pizzas fertig, da klingelt es: Patrick, Christian, Linda und Michael sind da.
„Hallo", begrüßt Sara ihre Freunde. „Gut, dass ihr pünktlich seid. Das Essen ist schon fertig."

3. Es gibt natürlich nicht nur Pizza. Es gibt noch 19 andere Sachen. Kannst du sie im Suchrätsel rechts markieren und auf ein Blatt schreiben?

```
P O M M E S F R I T E S F
M I N E R A L W A S S E R
K Ä S E D P O P C O R N I
U O R A N G E N S A F T K
C C K W Ü R S T C H E N A
H O A R S A H N E A O K D
E L E I S C R E M E S K E
N A P F E L S A F T A E L
E H A M B U R G E R L K L
S C H O K O L A D E A S E
B A N A N E N T O R T E N
```

Als alle da sind, beginnt Patrick zu singen: „Zum Geburtstag viel Glück, zum Geburtstag viel Glück ...", und gibt Sara sein Geschenk. Die andern singen mit und legen auch ihre Geschenke auf den Tisch.
„Ja ... Glück muss man haben", sagt Sara, „dann kann einem nicht viel passieren. Die Geschichte von der glücklichen Familie ist ein gutes Beispiel dafür. Kennt ihr sie? Nein? Dann erzähle ich sie euch kurz."

4. *Hier ist die Geschichte. Lies sie genau. Du brauchst sie später wieder.*

Eine glückliche Familie
von Christine Nöstlinger

Die Oma sagt, nachdem ihr die Suppenschüssel aus den Händen gefallen ist:
„Ist ja noch ein Glück, dass keine Suppe drin war!"
Der Vater sagt, nachdem er mit dem Auto in den Straßengraben gefahren ist:
„Ist ja noch ein Glück, dass sich der Wagen nicht überschlagen hat!"
Die Mutter sagt, nachdem man ihr die Geldbörse gestohlen hat:
„Ist ja noch ein Glück, dass die Scheckkarte nicht drin war!"
Der Opa sagt, nachdem er gestürzt ist und sich die Knie blutig geschlagen hat:
„Ist ja noch ein Glück, dass ich mir nichts gebrochen habe!"
Das Kind sagt, nachdem es das alles gehört hat: „Ist ja noch ein Glück, dass das Unglück allen in der Familie Glück bringt!"

„Immer die positive Seite anschauen, auch in den unglücklichen Situationen", sagt Michael. „Und da wir jetzt in einer sehr glücklichen Situation sind, können wir jetzt endlich tanzen", sagt Christian. „Noch nicht", sagt Sara. „Zuerst machen wir noch etwas anderes. Birgit und Linda haben eine tolle Idee für ein Spiel gehabt."

5. *Was machen sie? Schau noch einmal das Suchrätsel von Aufgabe 3 an. Wenn du alles richtig hast, sind sieben Buchstaben nicht markiert. Schreibe sie der Reihe nach auf, dann weißt du, wie das Spiel heißt.*

Das Spiel heißt _K_ ....

„Finde ich Spitze", sagt Patrick. „Und was singen wir?"
„Ein Lied von Pilos Puntos: Der Mann auf dem Turm", antwortet Birgit.
„Wir haben es bei dem Konzert gehört und es hat uns prima gefallen. Kennt jemand von euch den Text schon?", fragt Linda und schaut die anderen an.
„Nein? Besser so", sagt Birgit. „Linda und ich haben nämlich zehn Poster gezeichnet, jedes mit dem passenden Text darunter. Wir stellen sie hier auf die Stühle, so könnt ihr sie alle sehen. Ihr müsst also nur lesen und zur Musik singen."

„Jeder alleine?", fragt Christian. „Ich kann das nicht, ich singe immer falsch."
„Nein, zu zweit", erklärt Sara. „Meine Schwester und meine Cousine machen auch mit.
Und euren Partner findet ihr so: Wählt zuerst eines dieser Kärtchen aus, dann ..."

6. *Erinnerst du dich an die Geschichte von Aufgabe 4? Lies sie noch einmal und
schaue die Kärtchen an. Ist doch klar, wer zusammenspielt, oder?*

Sara	Michael	Cousine	Linda
Patrick	Birgit	Schwester	Christian

Sara und *Patrick* .... und ....

.... und .... und ....

„O.k., alles klar. Mal sehen, wer am besten singt", sagt Sara und legt die CD auf.
„Aufpassen, es geht los!"

7. Das sind der Text und die Poster. Die Poster sind schon in der richtigen Reihenfolge. Unter jedes Poster passen zwei Zeilen aus dem Lied. Schreibe alle Zeilen an die passenden Stellen, dann hast du am Ende den ganzen Liedtext.

Der Mann auf dem Turm

Hört die Wellen am Strand
mit gigantischer Macht.

schaut der Mann auf dem Turm
den Wolken zu.

durch sein goldenes Fernglas
beschaut er die Welt.

Sieht von oben so weit,
bis an das Ende der Zeit.

Kennt die Fische im Meer
und das Land rings umher

Der Mann auf ~~dem Turm~~
~~hat die~~ Sterne gezählt,

biegt die Zweige so sanft
mit seiner zärtlichen Hand.

Leise schaukelt der Wind
helle Blüten empor,

Und mit stiller Sehnsucht
und mit himmlischer Ruh,

Hat ein Fenster zum Licht
und ein Fenster zur Nacht.

1
Der Mann auf dem Turm
hat die Sterne gezählt,

2

3

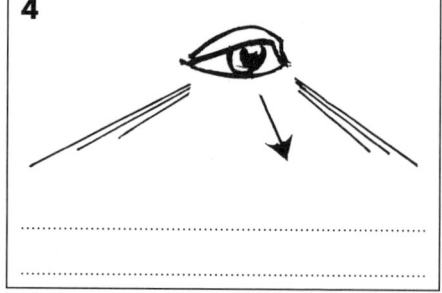

4

5

....

....

6

....

....

7

....

....

8

....

....

9

....

....

10

....

....

„Das war aber wirklich toll", sagt Patrick. „So ein 'Karaoke' machen wir wieder einmal … aber ohne Christian!"
„Ich habe ja gleich gesagt, dass ich nicht singen kann", protestiert Christian. „Aber
wartet nur mal, bis wir mit dem Tanzen beginnen. Da bin ich absolute Spitze!"
Und das stimmt: Christian kann wirklich gut tanzen. Aber die anderen können es auch
und so haben alle zusammen bei Rap, Techno und Grunge richtig Spaß.

Christian ist vor einigen Tagen aus den Ferien zurückgekommen. Er war mit seinen Eltern und seiner Schwester eine Woche in Süddeutschland und er war von dort aus auch in Frankreich und in der Schweiz. Seine Freunde möchten natürlich wissen, wo er war, was er gemacht hat, was er gesehen hat. Christian erzählt: „Wir haben lange überlegt, wohin wir fahren sollen. Meine Eltern haben viele Ferienkataloge angesehen und dann haben wir etwas gefunden, was allen gefallen hat. Das hier ...“

1. *Schau den Prospekt genau an und lies den Text. Du brauchst ihn später.*

Weitere sehenswerte Tagesausflugsziele in der näheren Umgebung:

Baden-Baden
Berühmtes Spielcasino, Kurpark und Therme, Schwarzwaldhochstraße

Straßburg
Münster, Petite France, Europarat

Elsaß
Weinstraße, Winzerdörfer, mittelalterliche Stadtanlage in Riquewihr

Gutach
Freilichtmuseum Vogtsbauernhöfe, Triberger Wasserfälle, Mummelsee

Freiburg
Malerische Altstadt, Münster, Schauinsland, Höllental

Schwarzwald
Titisee, Feldberg, St. Blasien, Schluchsee,

Basel
Münster, Altstadt, Dreiländereck, Zoo

Autobahn A5
Karlsruhe-Basel
Ausfahrt
EUROPA-PARK

„Du warst im Europa-Park? Da möchte ich auch mal hinfahren. Seid ihr die ganze Woche dort geblieben?“, fragt Linda.
„Nein“, antwortet Christian, „in den ersten Tagen haben wir verschiedene Städte besucht, wie Freiburg, wo auch unser Hotel war.“
„Und was gibt es dort zu sehen?“, fragt Michael.
„Ich erkläre es euch gleich“, sagt Christian. „Ich habe einen Stadtplan dabei.“

2. Das ist der Stadtplan mit der Liste der Sehenswürdigkeiten. Ergänze den Text auf Seite 22. Welchen Weg sind Christian und seine Familie gegangen? Zeichne ihn ein.

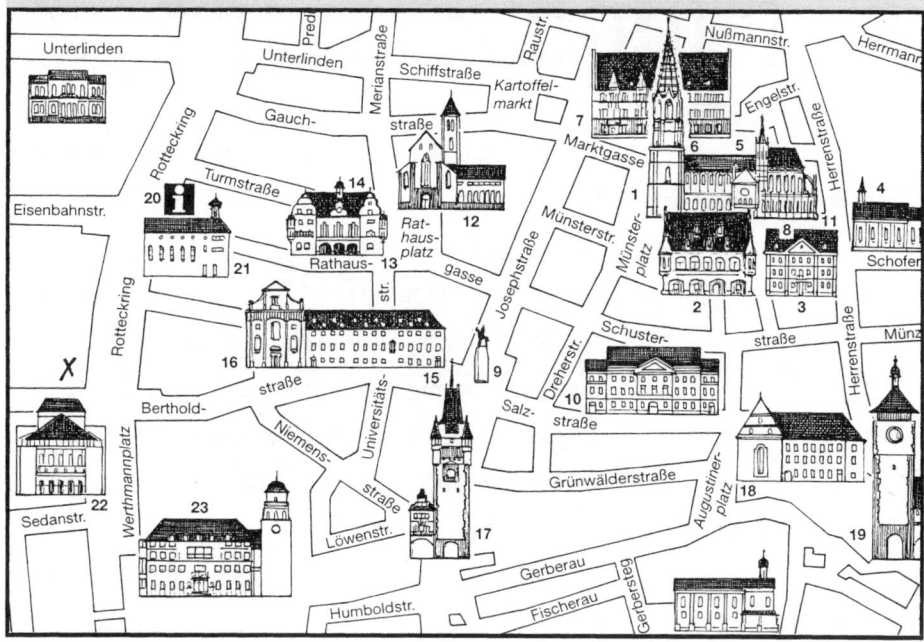

❧ Freiburg ❧
Sehenswürdigkeiten

1 Münster	8 Alte Stadtwache	17 Martinstor
2 Kaufhaus	9 Bertoldsbrunnen	18 Augustinermuseum
3 Wenzingerhaus/	10 Sickingen-Palais	19 Schwabentor
Stadtgeschichte-	11 Münsterbauhütte	20 Verkehrsbüro
Museum	12 Martinskirche	21 St.-Ursula-Kirche
4 Konviktskirche	13 Rathausplatz	22 Stadttheater
5 Stadtbibliothek	14 Rathaus/Altes	23 Universität
6 Kornhaus	und Neues	
7 Basler Hof/	15 Alte Universität	
Regierungspräsidium	16 Universitätskirche	✗ unser Hotel

„Unser Hotel war neben dem ....*Stadttheater*..... Also sind wir zuerst geradeaus bis zum .... gegangen, wo wir einen Stadtplan und andere Prospekte bekommen haben. Dann sind wir gleich die erste Straße rechts gegangen, geradeaus bis zum ....platz. An diesem Platz stehen die beiden .... , das Alte und das Neue, und die .... aus dem 13./14. Jahrhundert. Wir sind weiter über den Platz, durch eine kleine Gasse, bis zur Kreuzung gegangen und an der Kreuzung rechts, am ....brunnen vorbei, bis zum .... Dort sind wir durch das Tor gegangen und dann gleich links in die Gerberau-Straße, die zum ....platz führt. Wir haben das .... besucht, das interessante Kunstgegenstände zeigt. Von dort geht eine ganz kleine Gasse zum .... , dem alten Turm der Stadtmauer. Wir sind durch das Tor gegangen und dann geradeaus bis zur .... Gegenüber der Kirche liegt der berühmteste Platz von Freiburg, der .... Da findet man zwei sehr schöne Häuser, das ...., in dem das Museum für Stadtgeschichte ist, und das historische .... von 1520. Am interessantesten ist aber das .... aus dem 13./16. Jahrhundert: Es ist 125 m lang, 30 m breit und 27 m hoch. Wir sind dann über die Treppe auf den Westturm gestiegen: 116 m hoch! Danach sind wir zuerst die Münsterstraße und dann links die Joseph-Straße entlang gegangen bis zum ....brunnen, und zum Schluss rechts, an der alten .... vorbei, zurück zum Hotel."

„Und welche Städte hast du sonst noch gesehen?", fragt Birgit.
„Straßburg, oder Strasbourg, wie die Stadt auf Französisch heißt, und Basel. Die sind beide nicht weit weg von Freiburg. Seid ihr schon einmal dort gewesen?"
Keiner kennt die beiden Städte. Auch Freiburg kennen die Freunde nicht, das heißt, sie kennen sie nur aus dem Geographieunterricht in der Schule.
„Ich habe ein kleines Quiz für euch. Habt ihr Lust dazu?", fragt Christian seine Freunde.
„Klar. Solche Sachen, wie Quiz und Ratespiele, machen wir immer gern. Mal sehen, wer von uns am meisten weiß", freut sich Sara.

3. *Und wie viel weißt du? Sicher viel. Und wenn du Probleme hast, helfen dir Text und Prospekt von Aufgabe 1. Kreuze an.*

Dreiländerquiz

	Freiburg	Basel	Straßb.
1. Liegt im Elsaß.			
2. Ist das „Tor zum Schwarzwald"			
3. Hat ein sehr schönes und altes Münster.			
4. Hat einen weltbekannten Zoo.			
5. Ist Sitz des Europarates.			
6. Liegt in der Schweiz.			
7. Ist die Stadt am Dreiländereck.			
8. Ihre Altstadt heißt „La Petite France".			
9. Liegt im Breisgau (D).			
10. Liegt rechts vom Rhein.			

„So, aber erzähl uns jetzt endlich etwas vom Europa-Park. Ist er wirklich so toll, wie alle sagen?", fragt Patrick.

„Er ist super und riesengroß. So groß, dass man am besten mit der Bahn einmal um den ganzen Park fährt, damit man sieht, wie viele Attraktionen es gibt", antwortet Christian. „Schaut mal, ich habe hier ein Informationsblatt und einen kurzen Zeitungsartikel über den Park. Passt aber auf, denn im Artikel sind einige Informationen falsch!"

4. *Vergleiche die beiden Texte auf Seite 24 und markiere die sechs falschen Informationen im Zeitungsartikel.*

Der Europa-Park

Eröffnung: 12. Juli 1975
Lage: Rust/Baden
Fläche: 62 ha
Gelände: Alter Park mit Schloss Balthasar, erbaut 1442.
Konzept: Europäische Themenbereiche. Über 60 Attraktionen und Shows.

Besucher: 2,7 Millionen pro Jahr

Nationalitäten der Besucher:
Deutschland: 56%
Frankreich: 17%
Schweiz: 20%
Andere: 7%

Durchschnittsalter der Besucher:
27,3 Jahre

Die Euro-Mir – eine Weltsensation

Reisetipp:

Der Europa-Park in Rust

Der Europa-Park liegt in einem alten Park, in dem sich auch ein Schloss aus dem 16. Jahrhundert befindet. Er ist 62 Quadratmeter groß und in deutsche Themenbereiche eingeteilt, die über 60 Attraktionen und Shows bieten.

Den Europa-Park gibt es seit 1475 und jedes Jahr besuchen ihn viele Leute, ca. 2,7 Millionen Personen. Das Alter der Besucher variiert, im Durchschnitt liegt es aber bei 18,2 Jahren. Die meisten Besucher kommen aus dem Nachbarland Frankreich.

Möchten Sie noch mehr wissen? Dann fordern Sie Prospektmaterial an oder surfen Sie im Internet: http://www.europa-park.de

„Diese Euro-Mir, die sieht aber super aus!", sagt Michael und zeigt auf das Foto im Artikel.
„Die sieht nicht nur super aus, die ist es auch", sagt Christian. „Da verliert man total die Orientierung: Man weiß nicht mehr, was oben ist, was unten, was rechts, was links."
„Wirklich?!?", staunen die anderen. „Erzähl mal!" Und Christian erzählt:

„Die Euro-Mir ist die älteste Attraktion im Park und sie gefällt mir am schlechtesten von allen. Aber nicht nur ich finde sie am langweiligsten, auch viele andere Leute. Die wenigsten fahren nach dem ersten Mal gleich wieder, denn alle haben den kleinsten Spaß dabei. Die Vierer-Gondeln fahren langsam aus dem Bahnhof, gehen 28 Meter hoch, beginnen zu rotieren und stürzen dann in längster Zeit wieder runter: Sie ist die langsamste Achterbahn, die es gibt. Einfach sensationell!"

„Mensch, Christian, was ist denn daran so sensationell?", fragt Sara.

„Ich habe euch doch gesagt, dass man bei der Fahrt total die Orientierung verliert", antwortet Christian und lacht. „Ich hab sie immer noch verloren!"

5. *Das stimmt. Christian hat das Gegenteil von dem gesagt, was er denkt. Lies seine Beschreibung noch einmal und markiere die sieben falschen Superlative. Schreibe dann den Text neu auf.*

Die Euro – Mir ist die

....

„Ach, so ist das. Dann finde ich das schon interessanter", sagt Sara. „Und was gibt es im Europa-Park sonst noch?"

„Über sechzig Attraktionen! Die kann man unmöglich alle auf einmal sehen. Ich habe aber einige aufgeschrieben. Lest mal!"

„Was soll denn das?!? Ist das Chinesisch?", fragt Birgit, schaut auf die Liste und beginnt dann plötzlich laut zu lachen. „Aha, ich verstehe, du hast schon wieder die Orientierung verloren. Richtig?"

6. *Richtig! Hier hast du die Liste. Hast du auch verstanden, was passiert ist und wie der Text richtig aussieht? Dann schreibe die Liste so auf ein Blatt, dass man sie „normal" lesen kann!*

Weitere Attraktionen sind:
die Ritterspiele, die Piraten in
Batavia, der Alpenexpress, die Schweizer
Bobbahn, die Spanische Arena, die
Holländischen Kaffeetassen, die Tiroler
Wildwasserbahn, und das
Rock-Café.

Tipp: Stell dich vor einen Spiegel, dann kannst du leichter lesen.

Patrick und Michael dürfen in zwei Tagen zum ersten Mal ohne ihre Eltern in die Ferien fahren. Sie machen eine Fahrradtour nach Österreich und bleiben eine Woche in der Region Salzburg.

Heute müssen sie noch vieles machen: Die Fahrräder kontrollieren, die Verkehrsregeln und Verkehrszeichen wiederholen, die Reiseroute und die Prospekte studieren. Zuerst kontrollieren sie ihre Fahrräder.

1. *Du kannst bei der Kontrolle mitmachen. Kennst du die folgenden dreizehn Teile und kannst du sie richtig zuordnen? Ein Wörterbuch hilft dir dabei.*

die Bremse *3* .... – die Klingel .... – die Kette .... – der Lenker .... –

das Vorderlicht .... – das Rücklicht .... – das Pedal .... –

die Luftpumpe .... – der Rahmen .... – der Reifen .... –

der Sattel .... – der Rückstrahler .... – die Gangschaltung ....

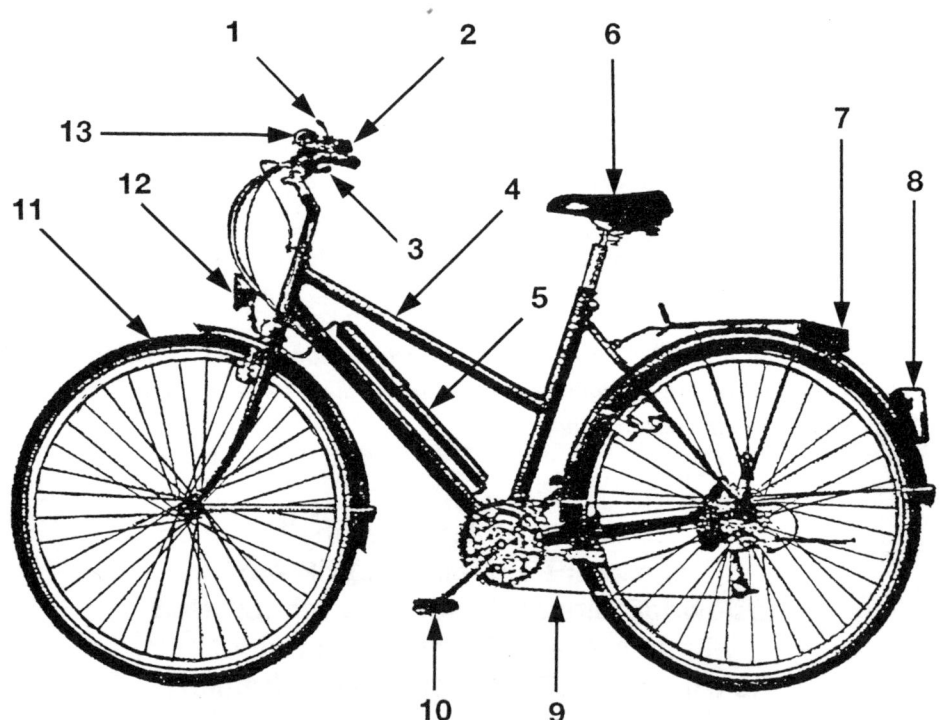

„Mein Fahrrad ist o.k.", sagt Michael nach der Kontrolle. „Und deines?"

„Alles in Ordnung. Wir können morgen starten. Aber ich hab hier noch einen Fahrradtest und einen Zeitungsartikel, mit dem wir uns noch ein bisschen mehr vorbereiten können."

2. Das ist der Test. Kennst du diese Verkehrszeichen?

Verkehrszeichen-Test für Radfahrer

a   b   c   d   e

f   g   h   i

Ergänze mit dem passenden Modalverb (je dreimal können, müssen, dürfen) und ordne zu. Für jeden richtigen Satz mit Zuordnung gibt es einen Punkt.

1. Hier ....*muss*.... ich stoppen. ☐ *c*

2. Hier .... ich etwas essen und trinken. ☐

3. Hier .... ich geradeaus fahren. ☐

4. Hier .... ich nicht Rad fahren. ☐

5. Hier .... ich telefonieren. ☐

6. Hier .... ich nicht nach links abbiegen. ☐

7. Hier .... ich nur Rad fahren. ☐

8. Hier .... ich besonders aufpassen. ☐

9. Hier .... ich zelten. ☐

Auswertung

7-9 Punkte: Fahre ruhig in die Ferien. Dir kann nicht viel passieren!
4-6 Punkte: Fahre einen Tag später und lerne die Verkehrszeichen besser!
1-3 Punkte: Bleibe zu Hause oder fahre mit der Bahn!

3. *Lies nun den Zeitungsartikel auf Seite 28 und ordne die drei Skizzen zu. Welche Unfallursache liegt an erster, zweiter und dritter Stelle?*

Vorsicht beim Radfahren

In den letzten Jahren ist Radfahren immer populärer geworden. Viele Leute fahren mit dem Fahrrad zur Arbeit, zur Schule oder zur Universität. Aber besonders Schüler müssen vorsichtig sein. Nach einem Bericht des Automobil-Clubs gibt es zu viele Unfälle, die meisten mit Jugendlichen unter 15 Jahren.

Bei den Unfallursachen liegt die Nichtbeachtung der Vorfahrt an erster Stelle, dann kommen die Fehler beim Abbiegen und an dritter Stelle die Fehler beim Einfahren in den Verkehr. 50 bis 60 Prozent aller Radfahrunfälle passieren an Kreuzungen und Einmündungen. Da heißt es also besonders gut aufpassen!

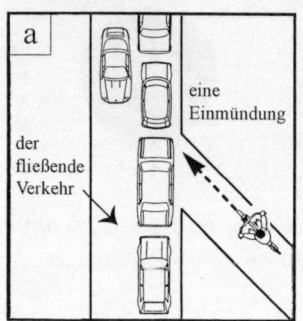

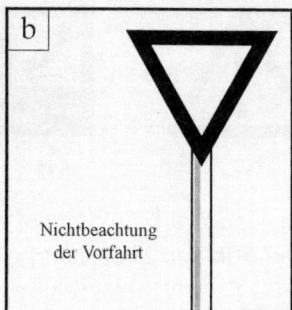

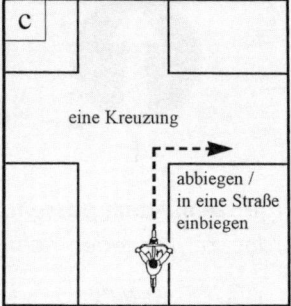

„Super, wir haben den Test toll gemacht", freut sich Patrick. „Aber beim Fahren müssen wir echt vorsichtig sein."
„Du hast Recht, Patrick. Aber sag mal, wo fahren wir eigentlich zuerst hin und was sehen wir da?", fragt Michael.
„Ins Salzburger Freilichtmuseum. Hier hab ich einen Prospekt.", sagt Patrick, „sieh dir den mal an, dann weißt du, was es da gibt."
Michael nimmt das Blatt in die Hand. „Aber da stimmt doch was nicht."

4. *Kannst du ihm helfen? Sieh dir den Prospekt auf Seite 29 genau an und lies die Texte. Fünf Felder passen zum Salzburger Freilichtmuseum, drei gehören zu anderen Museen und Attraktionen aus der Region Salzburg. Welche?*

Diese drei Felder passen nicht zum Salzburger Freilichtmuseum:

—— , —— , ——

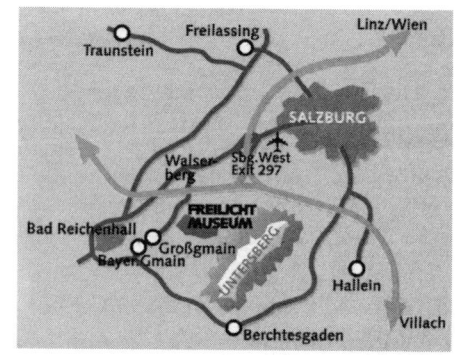

2 Das *Spielzeugmuseum* ist die jüngste Außenstelle des Salzburger Museums. Es zeigt die reiche Vielfalt von Spielsachen aus den letzten 300 Jahren. Spielecken bieten Gelegenheit zum aktiven Spiel und Basteln. Neben Spielsachen aus Holz, Ton und Zinn, der Welt der Puppen und der Puppenstuben, gibt es alte und neue Eisenbahnen.

3 Im *Salzburger Tiergarten Hellbrunn* leben 264 Säugetiere und 344 Vögel. Die großzügig in die Landschaft eingebetteten Freianlagen, wie z.B. die der Bären, der Gibbons und der Großkatzen, finden internationale Anerkennung. Eine unserer Attraktionen sind die frei fliegenden Gänsegeier, die zur Fütterung in den Zoo kommen.

6 Über 50 bäuerliche *Originalbauten des Salzburger Landes* aus 5 Jahrhunderten.
• Bauernhöfe, Handwerkerhäuser, Dorfschule, Schmiede, Mühlen, Sägewerk, Almen, Kapellen
• Bauerngärten
• Alte Traktoren, Dampfmaschinen, Arbeitsgeräte
• Ausstellungen u. Sonderschauen

7 *Haus der Natur*, ein lebendiges Museum in der Salzburger Altstadt.
Unser *Aquarium* ist eines der schönsten Mitteleuropas. 36 Schaubecken bieten Einblick in die Zauberwelt unter Wasser.
Unser *Reptilienzoo* mit lebenden Reptilien und Amphibien.
Unsere *Weltraumhalle* mit Diorama von der Landung auf dem Mond.

„Das macht bestimmt Spaß", sagt Michael. „Ich freue mich auf unsere Radtour."

Birgit hat allen ihren Freunden aus den Ferien die gleiche Ansichtskarte geschickt: eine Karte, die an einen berühmten Schweizer erinnert, an Wilhelm Tell.

1. *Das ist die Ansichtskarte. Kannst du die Informationen unten den fünf Bildern zuordnen?*

①   ②   ③

④   ⑤

a) Wattigwilerturm, seit 1966 Tell-Museum ☐

b) Holzskulptur „Tell mit Mädchen" aus dem 17. Jahrhundert ☐

c) Tell-Denkmal in Bürglen ☐

d) Armbrüste- und Gemäldesammlung ☐

e) Tellskapelle: erbaut 1582. Hier hat vorher das Haus von Tell gestanden. ☐

Als Birgit wieder zurück ist, treffen sich Linda, Sara, Patrick, Christian und Michael bei ihr zu Hause. Wilhelm Tell fasziniert sie. Sie möchten mehr über ihn wissen. Christian hat schon im Lexikon nachgeschlagen und hat es auch mitgebracht.

2. *Lies den Lexikonartikel über Wilhelm Tell mit Hilfe eines Wörterbuchs.*

Tell, Wilhelm, berühmtester schweiz. Freiheitsheld. Symbol für den Widerstand gegen die Habsburger in der Zeit um 1291. Nach der Legende hat T. den auf einer Stange aufgehängten Hut seines Herrn nicht gegrüßt. T. hat deshalb mit seiner Armbrust einen Apfel auf dem Kopf seines Sohnes Walter treffen müssen. Vom Landvogt Gessler nach dem gelungenen Schuss in Altdorf festgenommen. Über den stürmischen Urnersee abgeführt. Am Axen durch einen mutigen Sprung aus dem Boot entkommen. In der Hohlen Gasse bei Küssnacht hat T. dann Gessler mit der gleichen Armbrust erschossen. 1804 hat Friedrich Schiller die Legende in seinem Drama „Wilhelm Tell" erzählt; 1829 hat Gioacchino Rossini die gleichnamige Oper komponiert.

„Sag mal, Birgit, du hast doch im Museum viele Bilder von Tell gesehen. Wie hat er denn eigentlich ausgesehen?", fragt Michael.
„Jedes Bild zeigt ihn natürlich ein wenig anders", antwortet Birgit. „Am besten lest ihr diese Beschreibung aus dem Buch 'Wilhelm Tell für die Schule' von Max Frisch."

3. *Literarische Texte sind nicht leicht. Sicher brauchst du ein Wörterbuch. Die Aufgabe ist aber einfach. Welches Bild auf Seite 32 passt genau zur Beschreibung? Was ist auf den anderen falsch?*

... ein untersetzter Mann, stämmig mit nackten Knien und in einem weißlichen Kittel mit Kapuze, wie die Heuer sie brauchen, damit das Heu, wenn sie es auf dem Kopf tragen, nicht im Nacken kitzelt; er trug aber kein Heu an diesem Tag, sondern nur eine Armbrust leicht auf der Schulter. So kam er breitbeinig und mit einem Bart und stämmig über den steilen Hang herunter; ...

Das ist falsch: 1 ....   4 ....

                  2 ....   5 ....

                  3 ....   6 ....

„Prima, jetzt wissen wir, wie Wilhelm Tell ausgesehen hat, aber mich interessiert die Geschichte vom Apfelschuss mehr. Stimmt es, dass er aus einer Distanz von hundert Schritten den Apfel genau in die Mitte getroffen hat?", fragt Linda.

„Die Legende erzählt es so", antwortet Birgit, „aber ob es wirklich stimmt ..."

„Im Lexikon haben wir doch gelesen, dass Friedrich Schiller aus der Legende ein Theaterstück gemacht hat", sagt Sara. „Vielleicht haben deine Eltern das Buch. Dann können wir sehen, wie er die Apfelschuss-Szene beschrieben hat."

„Gute Idee. Ich schaue mal nach", sagt Birgit . „Ich bin gleich wieder da."

Nach einigen Minuten kommt Birgit zurück, mit einem Buch in der Hand.

4. Im Kasten links findest du einen Dialogplan und rechts die Sätze zu Schillers Apfelschuss-Szene. Aber die Dialogteile sind nicht in der richtigen Reihenfolge. Rekonstruiere den Dialog und ergänze die folgende Szene.

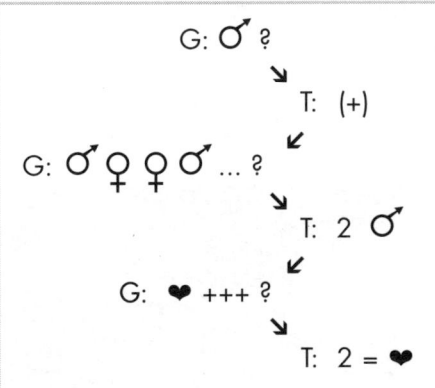

- Zwei Knaben, Herr.
- Herr, beide sind mir gleich liebe Kinder.
- Ist das dein Knabe, Tell?
- Und welcher ist's, den du am meisten liebst?
- Ja, lieber Herr.
- Hast du der Kinder mehr?

Gessler
Du bist ein Meister auf der Armbrust, Tell,
Man sagt, du nehmst[1] es auf mit jedem Schützen?

[1] nimmst

Walter Tell
Und das muss wahr sein, Herr - 'nen Apfel schießt
Der Vater dir vom Baum auf hundert Schritte.

Gessler

....

Tell

....

Gessler

....

Tell

....

Gessler

....

Tell

....

Gessler

Nun, Tell! Weil du den Apfel triffst vom Baume
Auf hundert Schritte, so wirst du deine Kunst
Vor mir bewähren[1] müssen - Nimm die Armbrust -   [1] zeigen, beweisen
Du hast sie gleich zur Hand - und mach dich fertig,
Einen Apfel von des Knaben Kopf zu schießen -
Doch will ich raten, ziele gut, dass du
Den Apfel treffest[2] auf den ersten Schuss,   [2] triffst
Denn fehlst[3] du ihn, so ist dein Kopf verloren.   [3] hier: nicht treffen

„Tells Apfelschuss", Kupferstich von Antonio Zucchi um 1765

„Er hat also den Apfel wirklich aus großer Distanz getroffen. Aber hat er ihn wirklich genau in die Mitte getroffen? Das wissen wir immer noch nicht", sagt Linda.
„Das finde ich auch nicht so wichtig", meint Patrick. „Aber wie geht die Geschichte weiter?"
„Das hast du doch schon im Lexikon gelesen", erinnert ihn Birgit.
„Ja, schon, aber mich interessiert, wie es zum Tod von Gessler gekommen ist, was nach dem Sprung aus dem Boot genau passiert ist", insistiert Patrick.

5. *Auf Seite 35 findest du eine Skizze der Wege, die Tell und Gessler gegangen sind. Ergänze die Beschreibungen mit den Präpositionen.*

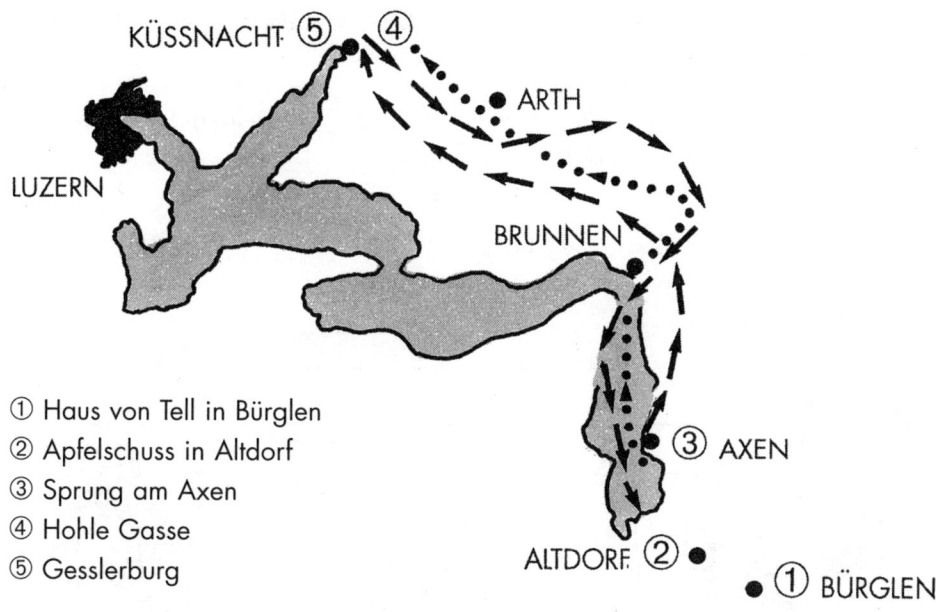

① Haus von Tell in Bürglen
② Apfelschuss in Altdorf
③ Sprung am Axen
④ Hohle Gasse
⑤ Gesslerburg

Präpositionen: ~~am~~, bei, durch, in (4 x), nach, über (2 x), zur (2 x)

Der Weg von Tell ➔ ➔ ➔

Tell ist vom Axenfels _am_ Urnersee .... die Berge .... Hohlen Gasse
gegangen. .... der Hohlen Gasse hat er Gessler mit einem Schuss aus seiner
Armbrust getötet. Dann ist er gleich .... den Kanton Uri und weiter ....
Hause zurückgegangen.

Der Weg von Gessler • • • • • • •

Gessler ist zuerst .... den stürmischen Urnersee gefahren. .... Brunnen hat
er dann ein Pferd genommen und ist auf seinem Weg .... Gesslerburg ....
Küssnacht .... die Hohle Gasse geritten. Noch .... der Gasse hat ihn Tell
mit einem zweiten Pfeil erschossen.

„So, bist du jetzt zufrieden, Patrick?", fragt Birgit.
„Ja, nun ist alles klar", antwortet er. „Das ist eine interessante Geschichte."
„Finde ich auch", sagt Birgit kurz bevor es Zeit ist nach Hause zu gehen. „Und sie fasziniert die Leute immer wieder, auch heute noch. Schaut mal, sogar Karikaturen gibt
es dazu!"

„Super, und jede Karikatur erinnert an eine Szene aus der Legende", freut sich Christian. „Wetten, dass ich bei jedem weiß, an welche?"

6. *Kannst auch du zum Schluss jedem Comic den passenden Satz aus dem Lexikonausschnitt von Aufgabe 2 zuordnen und aufschreiben?*

1 ....

2 ....

3 ....

4 ....

«Lauf jetzt nicht weg! Schau dir diesen schönen Hut an Willi. Du weißt ja, was passieren kann, wenn man einen Hut nicht gebührend beachtet»

«Bei euch auf dem Urnersee ist es auch sehr schön, aber Venedig hat mir fast noch besser gefallen»

«Bevor ich mir wieder einen Apfel auf den Kopf setze, lasse ich dich vorläufig lieber mit dieser Zielscheibe üben, Vater»

«Lieber über einem Hamburger als unter einem Habsburger, gell Vater»

Lösungen

1 Der Stadtbesuch

1. Computer; Michael (2)

2. „Also, eine Schultasche habe ich schon und auch einen Bleistift, ein Wörterbuch und einen Radiergummi. Ich brauche etwas für die Pausen, ein Comicheft: ein Asterix."

3. Füller, Spitzer, Lineal, Schere, Turnhose

4. Kulis (Kugelschreiber), Buntstifte (Farbstifte), Hefte, Bücher, Brille

5. Richtige Reihenfolge: 6, 4, 1, 9, 7, 5, 2, 8, 3
Text: „Ich habe das Deutschbuch und das Englischbuch mit den Kassetten, aber keinen Kassettenrekorder."

6. 1. Dezember, 2. März, 3. Mai, 4. Oktober, 5. September, 6. Februar, 7. November, 8. Januar, 9. August, 10. April, 11. Juni
Sara hat am dritten Juli Geburtstag.

7. Kiosk am Bahnhof: Linda; Schreibwaren-Shop: Sara; Computer-Land: Michael; Optik Müller: Birgit; Kiefer-Sport: Patrick; Radio-TV-Hifi: Christian

2 Das Rockkonzert

1. Die Pünktchen starten: Band, Fans, Band, Star(gruppe), Band, Show
Rockprojekt in der Schule: Rock, Rock, Keyboard, Drummer, Tipps, (Musik)branche, Manager, Arrangeur, Chancen
Tournee durch Europa: Band, tourt, Open-Air-(Konzert), Slums, Song, Fans
Viele Fans: Tourneen, Fan-Clubs, Fans

2. 1. Parthenon (Tempel), 2. Nôtre-Dame (Kathedralen), 3. Rovaniemi (Polarlicht)

3. Der Mann auf dem Turm - b; Europa - a; Sternenkind - c; Unter Vulkanen - d; Engel - f; Das Sonnenschiff - g; Seiltänzer - e

4. Der Reihenfolge nach: haben angefangen; hat begonnen; hat produziert; haben gespielt; sind gegangen; haben ausgewählt; sind gefahren; haben gegeben; sind gereist; haben gehabt; sind gewesen; hat gehört; haben gesungen; haben gemacht; ist gekommen

5. *Aus 1:* 2., 6., 10.; *aus 4:* 1., 4., 7., 8.; *andere:* 3., 5., 9.

3 Zum Geburtstag viel Glück _____

1. *Von oben nach unten und von links nach rechts:*
Zutaten: Tomaten, Zwiebeln, Butter, Käse, Mehl, Schinken, Salz, Pilze, Artischocken, Milch
Geräte: Schüssel, Pfanne, Backblech

2. 1. Koche alle Zutaten für die Tomatensoße etwa 10 Minuten in der Pfanne und rühre immer wieder gut um.
2. Heize den Herd auf 220°C vor. Mische Mehl, Salz und Butter in einer großen Schüssel.
3. Gieße Milch dazu und knete alles zu einem weichen Teig.
4. Teile den Teig in vier Stücke und forme damit vier Bälle. Rolle sie dann zu Teigfladen von etwa 13 cm aus.
5. Lege die Teigfladen auf das gut gefettete Backblech und bestreiche sie mit der Tomatensoße.
6. Belege jede Pizza mit den vorbereiteten Zutaten. Backe die Pizzas dann 15 bis 20 Minuten im Ofen.

3. *Waagrecht:* Pommes frites, Mineralwasser, Käse, Popcorn, Orangensaft, Würstchen, Sahne, Eiscreme, Apfelsaft, Hamburger, Schokolade, Bananen, Torten
Senkrecht: Kuchen, Cola, Erdnüsse, Salat, Kekse, Frikadellen

5. Das Spiel heißt KARAOKE.

6. Sara und Patrick, Cousine und Schwester, Linda und Michael, Birgit und Christian

7. 1 Der Mann auf dem Turm / hat die Sterne gezählt,
2 durch sein goldenes Fernglas / beschaut er die Welt.
3 Kennt die Fische im Meer / und das Land rings umher.
4 Sieht von oben so weit, / bis an das Ende der Zeit.
5 Hat ein Fenster zum Licht / und ein Fenster zur Nacht.
6 Hört die Wellen am Strand / mit gigantischer Macht.
7 Leise schaukelt der Wind helle Blüten empor,
8 biegt die Zweige so sanft / mit seiner zärtlichen Hand.
9 Und mit stiller Sehnsucht / und mit himmlischer Ruh,
10 schaut der Mann auf dem Turm / den Wolken zu.

4 Spaß ohne Grenzen _____

2. Verkehrsbüro, Rathaus(platz), Rathäuser, Martinskirche, Bertolds(brunnen), Martinstor, Augustiner(platz), Augustinermuseum, Schwabentor, Konviktskirche, Münsterplatz, Wenzingerhaus, Kaufhaus, Münster, Bertolds(brunnen), Universität

3. 1. Straßburg; 2. Freiburg; 3. Freiburg, Basel, Straßburg; 4. Basel; 5. Straßburg; 6. Basel; 7. Basel; 8. Straßburg; 9. Freiburg; 10. Freiburg

4. Das sind die sechs falschen Informationen:
aus dem 16. Jahrhundert; 62 Quadratmeter; in deutsche Themenbereiche; existiert seit 1475; bei 18,2 Jahren; aus dem Nachbarland Frankreich

5. Die Euro-Mir ist die neueste/jüngste (älteste) Attraktion im Park und sie gefällt mir am besten (schlechtesten) von allen. Aber nicht nur ich finde sie am interessantesten (langweiligsten) … Die meisten (wenigsten) fahren nach dem ersten Mal gleich wieder, denn alle haben den größten (kleinsten) Spaß dabei. Die Vierer-Gondeln … stürzen dann in kürzester (längster) Zeit wieder runter: Sie ist die schnellste (langsamste) Achterbahn, die es gibt. …

6. Weitere Attraktionen sind: die Ritterspiele, die Piraten in Batavia, der Alpenexpress, die Schweizer Bobbahn, die Spanische Arena, die Holländischen Kaffeetassen, die Tiroler Wildwasserbahn und das Rock-Café.

5 Die Fahrradtour

1. die Bremse 3, die Klingel 13, die Kette 9, der Lenker 2, das Vorderlicht 12, das Rücklicht 8, das Pedal 10, die Luftpumpe 5, der Rahmen 4, der Reifen 11, der Sattel 6, der Rückstrahler 7, die Gangschaltung 1

2. 1-muss/c, 2-kann/e, 3-muss/f, 4-darf/a, 5-kann/h, 6-darf/d, 7-darf/i, 8-muss/g, 9-kann/b

3. a-3; b-1; c-2

4. Diese Felder passen nicht: 2, 3, 7

6 Auf den Spuren Wilhelm Tells

1. a-3; b-5; c-1; d-4; e-2

3. 1. Der Bart fehlt. 2. Die Hose ist lang. 3. Die Armbrust fehlt. 4. Der Kittel ist schwarz. 5. Dieses Bild passt. 6. Die Kapuze fehlt.

4. G: Ist das dein Knabe, Tell? - T: Ja, lieber Herr. - G: Hast du der Kinder mehr? - T: Zwei Knaben, Herr. - G: Und welcher ist's, den du am meisten liebst? - T: Herr, beide sind mir gleich liebe Kinder.

Lösungen

5. Der Weg von Tell: Tell ist vom Axenfels <u>am</u> Urnersee <u>über</u> die Berge <u>zur</u> Hohlen Gasse gegangen. <u>In</u> der Hohlen Gasse … Dann ist er gleich <u>in</u> den Kanton Uri und weiter <u>nach</u> Hause zurückgegangen.

Der Weg von Gessler: Gessler ist zuerst <u>über</u> den stürmischen Urnersee gefahren. <u>In</u> Brunnen hat er dann ein Pferd genommen und ist auf seinem Weg <u>zur</u> Gesslerburg <u>bei</u> Küssnacht <u>durch</u> die Hohle Gasse geritten. Noch <u>in</u> der Gasse hat ihn Tell mit einem zweiten Pfeil erschossen.

6. 1. Nach der Legende hat T. den auf einer Stange aufgehängten Hut seines Herrn nicht gegrüßt.

2. Über den stürmischen Urnersee abgeführt.

3. T. hat deshalb mit seiner Armbrust einen Apfel auf dem Kopf seines Sohnes Walter treffen müssen.

4. Symbol für den Widerstand gegen die Habsburger in der Zeit um 1291.

Text- und Bildquellen

Seite

3, 5, 9	Fotos: S. Keller
7, 11	Fotos: Kalle Waldinger/Pilos Puntos, Wuppertal
11	Liedtext: Pilos Puntos, Wuppertal
16	„Eine glückliche Familie" aus: Hans-Joachim Gelberg (Hrsg.) Was für ein Glück, Beltz Verlag, Weinheim und Basel 1993, Programm Beltz & Gelberg, Weinheim
18	Liedtext: Pilos Puntos, Wuppertal
20, 23, 24	Alle Abbildungen mit freundlicher Genehmigung von EUROPA-PARK, Freizeit- und Familienpark Mack KG, Rust bei Freiburg
27	Verkehrszeichen: Broschüre TCS-Schweiz
28, 29	Abbildungen aus dem Prospekt des Salzburger Freilichtmuseums
30	Ansichtskarte: Tell-Museum, Bürglen
31	Fotos aus einem Prospekt des Kantons Uri; Text: Max Frisch, Wilhelm Tell für die Schule, Suhrkamp, Frankfurt/Main 1971, S. 36
33-34	Auszüge aus „Wilhelm Tell" zitiert nach: Schillers sämtliche Werke, Band 2, Insel Verlag, Leipzig (o. J.), S. 593 ff.
34	Kupferstich von Antonio Zucchi, Kunstkarte des Tell-Museums, Bürglen
39	Karikaturen aus: „Schweizer Illustrierte", Ringier Verlag, Zürich

Alle anderen Illustrationen: Jürgen Bartz, München